DÉPARTEMENT DES ARDENNES.

VILLE DE CHARLEVILLE.

Population : 12,027 habitants.

COMPTE ADMINISTRATIF POUR L'EXERCICE 1873,

BUDGET POUR L'EXERCICE 1874

ET CHAPITRES ADDITIONNELS AU BUDGET DE 1874,

Publiés en exécution de l'article 69 de la loi du 18 juillet 1837.

MÉZIÈRES,
Imprimerie Albert RONSIN, rue Bayard.

Avril 1874.

DÉPARTEMENT DES ARDENNES.

VILLE DE CHARLEVILLE.

Population : 12,027 habitants.

COMPTE ADMINISTRATIF POUR L'EXERCICE 1873,

BUDGET POUR L'EXERCICE 1874

ET CHAPITRES ADDITIONNELS AU BUDGET DE 1874,

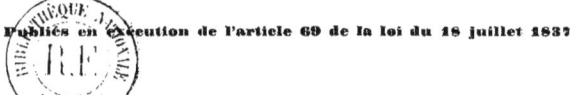

Publiés en exécution de l'article 69 de la loi du 18 juillet 1837.

MÉZIÈRES,
Imprimerie Albert RONSIN, rue Bayard.

Avril 1874.

DÉPARTEMENT
DES ARDENNES.

VILLE
DE CHARLEVILLE.

COMPTE ADMINISTRATIF

Que présente au Conseil municipal le Maire de la ville de Charleville, pour l'exercice 1873.

N° D'ORDRE du présent état.	N°s DES ARTICLES du budget.	NATURE DES RECETTES.	FIXATION provisoire d'après le budget primitif, le budget additionnel et les autorisations spéciales.	MONTANT des produits d'après les titres et actes justificatifs, déduction faite des réductions.	RECETTES effectuées pour l'exercice.	RESTES à recouvrer	OBSERVATIONS.
		TITRE Ier. — Recettes.					
		CHAPITRE Ier.					
		Recettes ordinaires.					
1	1	Centimes additionnels ordinaires	3,500 »	3,620 05	3,620 05	»	
2	2	Attribution sur les patentes	5,200 »	6,529 53	6,529 53		
3	3	Produit des amendes de police	150 »	844 29	844 29		
4	4	Droits de pesage et de mesurage	6,000 »	7,334 99	7,334 99		
5	5	Produit de l'octroi	144,000 »	230,178 07	230,178 07		
6	6	Produit des amendes d'octroi	600 »	941 36	941 36		
7	7	Produit des expéditions des actes de l'état civil	70 »	65 40	65 40		
8	8	Intérêts des fonds placés au Trésor	1,500 »	9,800 93	9,800 93		
9	9	Attribution sur les permis de chasse	200 »	1,360 »	1,360 »		
10	10	Taxe municipale sur les chiens	2,800 »	2,746 50	2,746 50		
11	11	Location des bancs sur les marchés	2,200 »	2,200 »	2,200 »		
12	12	d° des places sur les marchés	2,400 »	2,248 »	2,248 »		
13	13	d° des cuves sur les marchés	5 »	4 »	4 »		
14	14	d° de l'abattoir public	1,100 »	1,437 »	1,437 »		
15	15	d° du droit des places sur les marchés	1,200 »	4,649 40	4,649 40		
16	17	d° des lavoirs publics	240 »	240 »	240 »		
17	19	d° de la maison Aubry	700 »	131 44	131 44		Bail résilié à partir du 7 fév. 1873, par délibération du 1er août 1872.
18	20	d° de l'ancienne manufacture d'armes	10,000 »	7,500 »	7,500 »		Bail avec l'État, résilié à partir du 1er octobre.
19	21	d° du hangar de l'hôtel-de-ville	150 »	37 50	37 50		Bail résilié à partir du 24 mars 1873, par délibération du 13 fév. 1873.
20	23	d° d'herbes diverses	30 »	30 »	30 »		
21	24	Produit des droits de voirie	2,000 »	3,047 »	3,047 »		
22	25	Intérêt de la valeur du terrain occupé par le haras	1,500 »	1,500 »	1,500 »		
23	26	Remises à la ville sur le produit de l'affichage	125 »	»	»		L'afficheur a été dispensé de verser cette redevance par délibération du 8 mai 1873.
24	27	Redevances pour conduits	800 »	860 »	860 »		
25	28	Concessions d'eau	1,600 »	1,614 »	1,614 »		
		A reporter	188,070 »	288,919 46	288,919 46	»	

RECETTES.

N°s D'ORDRE du présent état.	N°s DES ARTICLES du budget.	NATURE DES RECETTES.	SOMMES A RECOUVRER. FIXATION provisoire d'après le budget primitif, le budget additionnel et les autorisations spéciales.	SOMMES A RECOUVRER. MONTANT des produits d'après les titres et actes justificatifs, déduction faite des réductions.	RECETTES effectuées pour l'exercice.	RESTES à recouvrer.	OBSERVATIONS.
		Reports........	188,070 »	288,919 46	288,919 46	»	
26	29	Distribution d'eau à la mairie............	600 »	1,031 60	1,031 60		
27	30	Concessions dans le cimetière...........	2,000 »	6,951 39	6,951 39		
28	31	Centimes pour perception des impositions communales......................	1,400 »	1,474 30	1,474 30		
29	31 bis	Concours de la ville de Mézières dans les dépenses de l'avenue commune........	600 »	»	»		
30	32	Rentes des legs de Mlles Piot et Nauquette	197 »	197 »	197 »		
31	33	Rétributions collégiales................	27,300 »	33,744 »	33,744 »		
32	34	Subvention de l'État pour l'entretien d'une chaire d'histoire au collége...........	1,800 »	1,800 »	1,800 »		
33	35	Somme à verser par le principal du collége pour le traitement du sous-principal et des maîtres d'étude.................	3,100 »	3,100 »	3,100 »		
34	36	Frais d'adjudications diverses...........	50 »	58 08	58 08		
35	37	Valeur en argent des prestations en nature.	6,000 »	6,710 50	6,710 50		
36	38	Produit des centimes spéciaux...........	7,700 »	8,823 41	8,823 41		
		Total des recettes ordinaires......	238,817 »	352,809 74	352,809 74	»	

CHAPITRE II.

Recettes extraordinaires.

37	39	Taxe additionnelle à l'octroi. (Décret du 24 juin 1865)....................	14,400 »	24,510 81	24,510 81	»	
38	39 bis	Surtaxe sur les vins................	6,126 »	2,452 97	2,452 97		
39	40	Neuf centimes additionnels aux quatre contributions. (Loi du 31 mai 1865)......	14,000 »				
40	41	Onze centimes additionnels aux quatre contributions. (Loi du 14 septembre 1871)..	17,000 »	35,293 68	35,293 68		
41	42	Remboursement par l'État des dépenses faites pour son compte.............	22,000 »	16,712 13	16,712 13		Remboursem^{ts} des dépenses faites pour les gardes nationales mobilisées. (Deuxième cinquième.)
42	42 bis	Part de l'État dans le traitement du commissaire de police................	600 »	600 »	600 »		
		Total des recettes extraordinaires..	74,126 »	79,569 62	79,569 62	»	

RECETTES.

N° D'ORDRE du présent état.	N°s DES ARTICLES du budget.	NATURE DES RECETTES.	SOMMES A RECOUVRER. FIXATION provisoire d'après le budget primitif, le budget additionnel et les autorisations spéciales.	SOMMES A RECOUVRER. MONTANT des produits d'après les titres et actes justificatifs, déduction faite des réductions.	RECETTES effectuées pour l'exercice.	RESTES à recouvrer	OBSERVATIONS.
		CHAPITRE III. *Recettes supplémentaires.* § 1er. *Reports.*					
43	1	Excédant de l'exercice 1872............	298,625 72	298,625 72	298,625 72	»	
		§ 2. *Recettes supplémentaires prévues.*					
44	2	Ferme de la fontaine Simonard..........	95 »	95 »	95 »		
45	3	Reversement par le Sr Piller, paveur, pour trop reçu sur des travaux faits en 1869.	2 33	2 33	2 33		
46	4	Droits pour dépôt au tribunal de dessins de fabrique...........................	50 »	90 »	90 »		
47	5	Premier sixième de l'indemnité due par la ville de Mézières pour l'avenue communale	1,000 »	1,000 »	1,000 »		
48	6	Impôt sur les obligations de l'emprunt de 600,000 francs....................	1,300 »	1,330 60	1,330 60		
49	7	Indemnité aux habitants pour le logement des troupes allemandes................	2,000 »	2,621 40	2,621 40		
50	8	Aliénation de terrain au profit de M. Husson	1,900 »	1,955 »	1,955 »		
51	9	Attribution sur les chevaux et voitures....	175 »	209 26	209 26		
52	10	Produit des actes d'engagement..........	100 »	9 »	9 »		
53	11	Aliénation de la ruelle de la Gravière.....	2,000 »	2,168 »	2,168 »		
54	12	Intérêts des valeurs de la succession de M. Alexandre......................	194 40	»	»		Valeurs espagnoles.
55	13	Droits de transmission perçus sur les obligations de l'emprunt de 600,000 francs..	100 »	35 »	35 »		
56	14	Remboursement par l'État du premier cinquième des dépenses faites pour les mobilisés...........................	16,712 13	16,712 13	16,712 13		
57	15	Loyer de la maison acquise pour servir de presbytère.........................	1,880 »	1,900 »	1,900 »		
58	16	Première annuité de la quote-part de la fabrique dans le paiement du presbytère	6,600 »	6,600 »	6,600 »		
59	17	Intérêts à la charge du même établissement...............................	677 30	77 92	77 92		
60	18	Redevance à payer par M. Dumény, commissaire de police, pour son logement dans la maison Aubry................	187 50	»	»		M. Dumény a été dispensé de verser cette redevance par délibération du 14 février 1874.
		Total des §§ 1 et 2...............	333,599 38	333,431 36	333,431 36	»	
		A reporter............	333,599 38	333,431 36	333,431 36	»	

RECETTES.

N° D'ORDRE du présent état.	N°S DES ARTICLES du budget.	NATURE DES RECETTES.	SOMMES A RECOUVRER.		RECETTES effectuées pour l'exercice.	RESTES à recouvrer	OBSERVATIONS.
			FIXATION provisoire d'après le budget primitif, le budget additionnel et les autorisations spéciales.	MONTANT des produits d'après les titres et actes justificatifs, déduction faite des réductions.			
		Reports..........	333,599 38	333,431 36	333,431 36	»	
		§ 3.					
		Recettes supplémentaires non prévues.					
61	1	Loyer d'un logement dans la maison Chayaux, à Belair................	100 »	100 »	100 »		
62	2	Droits perçus à l'abattoir des chevaux....	344 »	344 »	344 »		
63	3	Secours de l'État pour construction de deux écoles......................	15,000 »	15,000 »	15,000 »		
63 bis	4	Location d'un local à la salle de spectacle pour le service des rafraîchissements...	234 »	234 »	234 »		
63 ter	5	Indemnités pour bals donnés à la salle de spectacle..........................	50 »	50 »	50 »		
		Total des recettes supplémentaires.	349,327 38	349,159 36	349,159 36	»	

RÉCAPITULATION.

		Ordinaires......................	238,817 »	352,809 74	352,809 74	»	
		Extraordinaires	74,126 »	79,569 59	79,569 59		
		Supplémentaires................	349,327 38	349,159 36	349,159 36		
		Totaux généraux...............	662,270 38	781,538 69	781,538 69	»	

DÉPENSES.

TITRE II. — Dépenses.

CHAPITRE Ier.

Dépenses ordinaires.

SECTION 1re.

Dépenses ordinaires obligatoires.

§ 1er.

Administration, traitements, charges et entretien des biens communaux, salubrité, sûreté, etc.

N° d'ordre du présent état.	N°s des articles du budget.	NATURE DES DÉPENSES.	DÉPENSES autorisées par le budget primitif, le budget additionnel et les autorisations spéciales.	DROITS constatés au 31 décembre 1873.	SOMMES dépensées jusqu'au 31 mars, époque de la clôture de l'exercice 1873.	RESTES A PAYER à reporter à l'exercice 1874.	RESTES ANNULÉS faute d'emploi au 31 décembre 1873.	OBSERVATIONS.	
64	43	Traitements des employés de la mairie	9,500 »	8,700 33	8,700 33	»	799 67	Budget primitif 8,000 » d° supplém^{re} 1,000 » Délibération du 19 déc. 1873.. 500 »	9,500 »
65	44	Frais d'administration	2,600 »	2,445 11	2,445 11	»	154 89	Budget primitif 2,000 » d° supplém^{re} 600 »	2,600 »
66	45	Traitem^{ent} du commissaire de police	2,700 »	2,700 »	2,700 »	»	»	Budget primitif 2,400 » d° supplém^{re} 300 »	2,700 »
67	46	d° du voyer	2,000 »	2,000 »	2,000 »	»	»		
68	47	d° des agents de police	4,200 »	4,200 »	4,200 »	»	»	Budget primitif 2,600 » d° supplém^{re} 1,200 » Délibération du 19 déc. 1873.. 400 »	4,200 »
69	48	d° du garde champêtre	875 »	875 »	875 »	»	»		
70	49	d° du tambour appariteur	125 »	125 »	125 »	»	»	Budget primitif 800 » Délibération du 19 déc. 1873.. 75 »	875 »
71	50	d° de l'horloger et entretien des horloges	250 »	250 »	250 »	»	»		
72	51	Traitement du concierge de l'hôtel-de-ville	300 »	300 »	300 »	»	»	Budget primitif 225 » d° supplém^{re} 75 »	300 »
73	52	Traitement du concierge de la salle de spectacle	100 »	100 »	100 »	»	»		
74	53	Traitement du guetteur	700 »	700 »	700 »	»	»	Budget primitif 600 » d° supplém^{re} 100 »	700 »
75	54	d° du fontainier	200 »	200 »	200 »	»	»		
76	55	Timbres à la charge de la ville et abonnements divers	1,000 »	985 70	985 70	»	14 30		
77	56	Remises du receveur municipal	4,700 »	4,700 »	4,395 »	305 »	»	Budget primitif 4,000 » Délibération du 7 nov. 1873.. 700 »	4,700 »
78	57	Habillement des agents de police	460 »	450 »	450 »	»	10 »	Budget primitif 370 » d° supplém^{re} 90 »	460 »
79	58	Indemnité aux agents de police pour chaussures	300 »	300 »	300 »	»	»	Budget primitif 144 » d° supplém^{re} 156 »	300 »
		A reporter	30,010 »	29,031 14	28,726 14	305 »	978 86		

DÉPENSES.

N° D'ORDRE du présent état.	N° DES ARTICLES du budget.	NATURE DES DÉPENSES.	DÉPENSES autorisées par le budget primitif, le budget additionnel et les autorisations spéciales.	DROITS constatés au 31 décembre 1873.	SOMMES dépensées jusqu'au 31 mars, époque de la clôture de l'exercice 1873.	RESTES A PAYER à reporter à l'exercice 1874.	RESTES ANNULÉS faute d'emploi au 31 décembre 1873.	OBSERVATIONS.
		Reports..........	30,010 »	29,031 14	28,720 14	305 »	978 86	
80	59	Traitement du personnel......	23,500 »	23,499 42	23,499 42	»	» 58	Budget primitif 20,700 » d° supplém^{re} 2,400 » } 23,500 » Délibération du 19 déc. 1873.. 400 »
81	60	Remises éventuelles..........	6,842 83	6,842 83	6,842 83	»	»	Budget primitif 3,068 » d° supplém^{re} 2,500 » } 6,842 83 Délibération du 7 nov. 1873.. 1,232 » Délibération du 19 déc. 1873.. 42 83
82	61	Éclairag^e des bureaux, réparat^{ions} aux bâtiments, indemnités de logement aux receveurs, remboursement de droits d'octroi indûment perçus, etc...... (Octroi)	4,800 »	4,498 45	4,498 45	»	301 55	Budget primitif 2,300 » d° supplém^{re} 400 » } 4,800 » Délibération du 19 déc. 1873.. 1,000 » Délibération du 14 février 1874 1,100 »
83	62	Impressions de la régie et fournitures debureau............	1,300 »	1,278 55	1,278 55	»	21 45	Budget primitif 1,100 » d° supplém^{re} 200 » } 1,300 »
84	63	Frais d'exercice des employés des contributions indirectes..	1,000 »	921 87	921 87	»	78 13	Budget primitif 400 » d° supplém^{re} 600 » } 1,000 »
85	64	Frais de perception des bureaux de pesage et de mesurage....	2,100 »	1,676 21	1,676 21	»	423 79	
86	65	Contributions des biens communaux et de main-morte....	1,700 »	1,595 30	1,595 30	»	104 70	Budget primitif 1,450 » d° supplém^{re} 250 » } 1,700 »
87	66	Assurances des bâtiments communaux...................	1,150 »	1,023 02	1,023 02	»	126 98	
88	67	Frais de perception des impositions communales.............	1,550 »	1,474 30	1,474 30	»	75 70	Budget primitif 1,400 » d° supplém^{re} 150 » } 1,550 »
89	68	Confection de la matrice et du rôle de la taxe des chiens.......	90 »	81 18	81 18	»	8 82	
90	69	Éclairage public............	12,500 »	11,155 42	11,155 42	»	1,344 58	Budget primitif 8,000 » d° supplém^{re} 4,500 » } 12,500 »
91	70	Entretien de l'hôtel-de-ville, de la salle de spectacle, des murs, quais, abattoir, cimetière, etc..	11,700 »	11,700 »	11,700 »	»	»	Budget primitif 3,000 » d° supplém^{re} 2,500 » Délibération du 7 nov. 1873.. 3,100 » } 11,700 » Délibération du 19 déc. 1873.. 1,500 » Délibération du 14 février 1874 1,000 » Délibération du 26 sept. 1873 600 »
92	71	Entretien du prétoire de la justice de paix par abonnement......	60 »	60 »	60 »	»	»	
93	72	Entretien des cuves du marché..	20 »	»	»	20 »	»	
94	73	d° du foyer de la salle de spectacle.............	200 »	153 05	153 05	»	46 95	
95	74	Entretien des pompes à incendie..	2,019 05	2,019 05	2,019 05	»	»	Budget primitif 400 » d° supplém^{re} 1,600 » } 2,019 05 Délibération du 14 fév. 1874.. 19 05
96	75	d° du port, des promenades publiques, des chemins communaux, etc........	21,200 »	21,200 »	21,200 »	»	»	Budget primitif 9,000 » d° supplém^{re} 5,200 » Délibération du 12 août 1873.. 4,700 » } 21,200 » Délibération du 7 nov. 1873.. 800 » Délibération du 19 déc. 1873.. 1,500 »
97	76	Entretien de l'horloge........	20 »	20 »	20 »	»	»	
98	77	Pavage en travaux neufs........	8,000 »	2,130 70	2,130 70	5,869 30	»	
99	78	Entretien du pavage des rues.....	1,000 »	393 47	393 47	»	606 53	
100	79	Salaire des cantonniers........	2,020 »	2,020 »	2,020 »	»	»	Budget primitif 1,440 » d° supplém^{re} 1,180 » } 2,020 »
101	80	Enlèvement des immondices des rues, et autres dépenses......	1,000 »	944 »	944 »	»	56 »	
102	81	Enlèvement des glaces et neiges..	250 »	93 »	93 »	»	157 »	
103	82	Imprimés à la société de secours mutuels et à la société des employés...................	200 »	200 »	200 »	»	»	
104	83	Frais de casernement..........	5,300 »	5,300 »	291 98	5,008 02	»	Budget primitif 300 » d° supplém^{re} 5,000 » } 5,300 »
105	84	Contingent de la ville dans la dépense des aliénés indigents..	1,000 »	785 86	785 86	»	214 14	
		A reporter........	141,131 88	130,696 82	125,383 80	5,313 02	10,435 06	

DÉPARTEMENT
DES ARDENNES.

ARRONDISSEMENT
DE MÉZIÈRES.

VILLE DE CHARLEVILLE.

BUDGET DES RECETTES ET DES DÉPENSES
POUR L'EXERCICE 1874.

PRINCIPAL DES CONTRIBUTIONS DIRECTES :

Contribution foncière	45,416 francs.
— personnelle et mobilière	26,985 —
— des portes et fenêtres	22,448 —
— des patentes	79,384 —
Total	174,233 francs.

N° D'ORDRE.	NATURE DES RECETTES.	RECETTES constatées au dernier compte.	RECETTES PROPOSÉES par le Maire.	RECETTES PROPOSÉES par le Conseil municipal.	RECETTES allouées par le Préfet.	OBSERVATIONS.
	TITRE Iᵉʳ. — Recettes.					
	CHAPITRE Iᵉʳ.					
	Recettes ordinaires.					
1	Centimes additionnels ordinaires	3,524 55	3,600 »	3,600 »	3,600 »	
2	Attribution sur les patentes	5,968 54	6,300 »	6,300 »	6,300 »	
3	Attribution sur la contribution des chevaux et voitures	»	175 »	175 »	175 »	
4	Produit des amendes de police	545 88	400 »	400 »	400 »	
5	Droits de pesage et de mesurage	7,840 49	7,000 »	7,000 »	7,000 »	
6	Produit de l'octroi	200,305 14	180,000 »	180,000 »	180,000 »	
7	Produit des amendes d'octroi	2,086 08	1,500 »	1,500 »	1,500 »	
8	Produit des expéditions des actes de l'état civil	44 10	45 »	45 »	45 »	
9	Intérêts des fonds placés au Trésor	5,214 21	3,000 »	3,000 »	3,000 »	
10	Attribution sur les permis de chasse	1,130 »	1,200 »	1,200 »	1,200 »	
11	Taxe municipale sur les chiens	2,610 »	2,600 »	2,600 »	2,600 »	
12	Location : des bancs sur les marchés	2,200 »	2,200 »	2,200 »	2,200 »	
13	des places sur les marchés	2,898 93	2,400 »	2,400 »	2,400 »	
14	des cuves sur les marchés	6 »	5 »	5 »	5 »	
15	de l'abattoir public	1,380 »	600 »	600 »	600 »	
16	du droit de place sur le marché aux grains	3,985 80	3,500 »	3,500 »	3,500 »	
17	des lavoirs publics	471 30	335 »	335 »	335 »	
18	d'un local à la salle de spectacle, pour les rafraîchissements	»	60 »	60 »	60 »	
19	d'herbes diverses	30 »	30 »	30 »	30 »	
20	Produit des droits de voirie	3,860 29	3,000 »	3,000 »	3,000 »	
21	Intérêts à 5 p. 0/0 du capital de 30,018 francs, représentant la valeur du terrain cédé par la ville pour la construction du haras	900 »	1,500 »	1,500 »	1,500 »	
22	Remises à la ville sur le produit de l'affichage	»	125 »	125 »	125 »	
23	Redevances pour conduits	955 »	900 »	900 »	900 »	
24	Concessions d'eau	1,587 »	1,500 »	1,500 »	1,500 »	
25	Distribution d'eau à la mairie	1,304 49	1,000 »	1,000 »	1,000 »	
26	Concessions dans le cimetière	2,159 65	2,000 »	2,000 »	2,000 »	
	A reporter	250,917 36	224,975 »	224,975 »	224,975 »	

RECETTES.

N° D'ORDRE.	NATURE DES RECETTES.	RECETTES constatées au dernier compte.	RECETTES PROPOSÉES par le Maire.	RECETTES PROPOSÉES par le Conseil municipal.	RECETTES allouées par le Préfet.	OBSERVATIONS.
	Reports............	250,917 36	224,975 »	224,975 »	224,975 »	
27	Centimes pour perception des impositions communales.....................	1,336 06	1,500 »	1,500 »	1,500 »	
28	Rentes des legs de Mlles Piot et Nanquette, destinées aux enfants pauvres de l'asile..	197 »	197 »	197 »	197 »	(*a*) 150 internes à 95 fr. 14,250 »
29	Rétributions collégiales...............	32,506 75	(*a*)30,000 »	30,000 »	30,000 »	52 externes à 100 5,200 »
30	Subvention de l'État pour l'entretien d'une chaire d'histoire au collège............	1,800 »	1,800 »	1,800 »	1,800 »	35 d° à 120 4,200 »
31	Somme à verser par le principal du collège pour le traitement du sous-principal et des maîtres d'étude..................	3,100 »	4,100 »	4,100 »	4,100 »	35 d° à 70 2,450 »
32	Frais d'adjudications diverses...........	99 60	100 »	100 »	100 »	90 sémin^{es} à 30 2,700 »
33	Produit des 3 centimes spéciaux pour l'instruction primaire.......................	»	5,200 »	5,200 »	5,200 »	20 élèves de dessin à 60 fr........ 1,200 »
	RECETTES SPÉCIALES POUR LES CHEMINS VICINAUX.					30,000 »
34	Valeur en argent des prestations en nature.	6,514 50	6,500 »	6,500 »	6,500 »	
35	Produit des centimes spéciaux...........	7,959 89	8,000 »	8,000 »	8,000 »	
	Total des recettes ordinaires........	304,431 16	282,372 »	282,372 »	282,372 »	

CHAPITRE II.
Recettes extraordinaires.

N°	NATURE DES RECETTES.	constatées	par le Maire	par le Conseil	par le Préfet	OBSERVATIONS.
36	Taxe additionnelle à l'octroi, conformément au décret du 24 juin 1865............	20,939 77	18,000 »	18,000 »	18,000 »	
37	Surtaxe sur les vins. (Délib^{on} du 24 avril 1872)	»	6,126 »	6,126 »	6,126 »	
38	Neuf centimes additionnels au principal des quatre contributions directes, suivant la loi du 31 mai 1865....................	14,327 77	15,600 »	15,600 »	15,600 »	
39	Onze centimes additionnels pour l'emprunt de 600,000 francs, autorisé par la loi du 14 septembre 1871.................	17,511 71	19,100 »	19,100 »	19,100 »	
40	Remboursement par l'État de la deuxième annuité des dépenses faites pour les gardes nationaux mobilisés.................	»	10,712 »	10,712 »	10,712 »	
41	Loyer de la maison acquise pour le presbytère	»	2,400 »	2,400 »	2,400 »	
42	Deuxième annuité de la quote-part de la fabrique dans les dépenses de cette acquisition	»	6,000 »	6,000 »	6,000 »	
43	Intérêts de la somme restant due par la fabrique sur sa quote-part.............	»	670 »	670 »	670 »	
44	Deuxième annuité de la somme de 6,000 francs due à Charleville par Mézières........	1,200 »	1,000 »	1,000 »	1,000 »	Avenue commune.
45	Part de l'État dans le traitement du commissaire de police....................	600 »	600 »	600 »	600 »	
46	Impôt sur le paiement des coupons de l'emprunt de 600,000 francs..............	887 24	800 »	800 »	800 »	
47	Première annuité du secours de l'État en vue de la construction d'écoles............	»	9,000 »	9,000 »	9,000 »	
48	Loyer du commissaire de police.........	»	250 »	250 »	250 »	
	Total des recettes extraordinaires.....	55,466 49	96,858 »	96,858 »	96,858 »	

RÉCAPITULATION.

RECETTES ORDINAIRES.................	304,431 16	282,372 »	282,372 »	282,372 »
RECETTES EXTRAORDINAIRES............	55,466 49	96,858 »	96,858 »	96,858 »
TOTAL GÉNÉRAL DES RECETTES........	359,897 65	379,230 »	379,230 »	379,230 »

DÉPENSES.

N° D'ORDRE.	NATURE DES DÉPENSES.	DÉPENSES constatées au dernier compte.	CRÉDITS PROPOSÉS par le Maire.	CRÉDITS PROPOSÉS par le Conseil municipal.	CRÉDITS alloués par le Préfet.	OBSERVATIONS.
	TITRE II. — Dépenses.					
	CHAPITRE Ier.					
	Dépenses ordinaires.					
	SECTION Ire. *Dépenses ordinaires obligatoires.*					
	§ 1er. *Administration, traitements, charges et entretien des biens communaux, salubrité, sûreté, etc.*					
49	Traitement des employés de la mairie	8,001 »	8,900 »	9,000 »	9,000 »	
50	Frais d'administration	2,755 70	2,800 »	2,800 »	2,800 »	
51	Traitement du commissaire de police	2,400 »	2,400 »	2,400 »	2,400 »	
52	Allocation supplémentaire au commissaire de police	»	300 »	300 »	300 »	
53	Traitement du voyer	2,500 »	2,000 »	2,000 »	2,000 »	
54	d° des agents de police	3,441 66	3,800 »	3,800 »	3,800 »	
55	d° du garde champêtre	874 »	800 »	800 »	800 »	
56	d° du tambour appariteur	125 »	125 »	125 »	125 »	
57	d° de l'horloger et entretien des horloges	250 »	250 »	250 »	250 »	
58	Traitement du concierge de l'hôtel-de-ville	225 »	225 »	300 »	300 »	
59	d° du concierge de la salle de spectacle	100 »	100 »	100 »	100 »	
60	Traitement du guetteur	600 »	700 »	700 »	700 »	
61	d° du fontainier	200 »	200 »	200 »	200 »	
62	Timbre du compte et du journal du receveur municipal, registres de l'état civil, timbres à la charge de la ville, et abonnement au *Moniteur*, au *Bulletin des Lois*, à l'*Annuaire* et au *Bulletin du Ministère de l'intérieur*	969 64	1,000 »	1,000 »	1,000 »	
63	Remises du receveur municipal	3,577 78	4,500 »	4,500 »	4,500 »	
64	Habillement des agents de police	450 »	450 »	450 »	450 »	
65	Indemnité aux agents de police pour chaussures	162 »	300 »	300 »	300 »	
66	Octroi : Traitement du personnel	19,995 51	24,100 »	24,100 »	24,100 »	
67	Remises éventuelles	5,220 »	4,760 »	4,760 »	4,760 »	
68	Éclairage des bureaux, réparations aux bâtiments, indemnités de logement aux receveurs des Allées, de France, de la gare des voyageurs et de Flandre, location d'un bureau et entretien du matériel, avances de frais de poursuites, remboursement de droits indûment perçus, et de droits précomptés	2,344 79	2,700 »	2,700 »	2,700 »	
69	Impressions de la régie et fournitures de bureau	1,177 64	1,300 »	1,300 »	1,300 »	
70	Frais d'exercice des employés des contributions indirectes	467 11	1,400 »	1,400 »	1,400 »	
	A reporter	55,436 83	63,110 »	63,285 »	63,285 »	

DÉPENSES.

N° D'ORDRE.	NATURE DES DEPENSES.	DÉPENSES constatées au dernier compte.	CRÉDITS PROPOSÉS par le Maire.	CRÉDITS PROPOSÉS par le Conseil municipal.	CRÉDITS alloués par le Préfet.	OBSERVATIONS.
	Reports..........	55,436 83	63,110 »	63,285 »	63,285 »	
71	Frais de perception des bureaux de pesage et de mesurage....................	1,776 95	2,000 »	2,000 »	2,000 »	
72	Frais de perception du marché aux grains....	956 59	1,000 »	1,000 »	1,000 »	
73	Contributions des biens communaux et de main-morte....................	1,267 49	1,600 »	1,600 »	1,600 »	
74	Assurances des bâtiments communaux......	763 91	1,250 »	1,250 »	1,250 »	
75	Frais de perception des impositions communales....................	1,336 06	1,500 »	1,500 »	1,500 »	
76	Confection de la matrice et du rôle de perception de la taxe sur les chiens............	80 »	90 »	90 »	90 »	
77	Éclairage public....................	7,942 39	12,500 »	12,500 »	12,500 »	
78	Entretien de l'hôtel-de-ville, de la salle de spectacle, des murs, quais, abattoir, cimetière, etc....................	2,493 99	3,500 »	3,500 »	3,500 »	
79	Entretien du prétoire de la justice de paix par abonnement....................	60 »	60 »	60 »	60 »	
80	Entretien des cuves du marché...........	20 »	20 »	20 »	20 »	
81	Entretien du foyer de la salle de spectacle...	572 66	200 »	200 »	200 »	
82	Entretien des pompes à incendie...........	2,138 10	400 »	400 »	400 »	
83	Entretien du port, des promenades, des fontaines et aqueducs et des chemins communaux....................	11,593 58	14,200 »	14,200 »	14,200 »	
84	Pavage en travaux neufs....................	3,238 38	8,000 »	8,000 »	8,000 »	
85	Entretien du pavage des rues............	139 92	1,000 »	1,000 »	1,000 »	
86	Salaire des cantonniers....................	1,795 »	2,800 »	2,800 »	2,800 »	
87	Enlèvement des immondices des rues, etc.....	1,101 03	1,000 »	1,000 »	1,000 »	
88	Enlèvement des glaces et neiges............	106 25	250 »	250 »	250 »	
89	Imprimés à la société de secours mutuels et à la société des employés....................	200 »	200 »	200 »	200 »	
90	Frais de casernement....................	» »	10,000 »	10,000 »	10,000 »	
91	Contingents de la ville dans la dépense des aliénés indigents....................	778 28	1,000 »	1,000 »	1,000 »	
92	Contingent de la ville dans la dépense des enfants assistés....................	494 39	500 »	500 »	500 »	
93	Pension alimentaire à Mme veuve Melin, suivant le décret du 1er août 1850....................	150 »	150 »	150 »	150 »	
94	Part afférente à la ville dans la pension du Sr Eischen, domestique de M. Alexandre...	500 »	500 »	500 »	500 »	
95	Part afférente à la ville dans la pension de Mlle Loës, servante de M. Alexandre......	300 »	300 »	300 »	300 »	
96	Location du bureau télégraphique...........	800 »	800 »	800 »	800 »	
97	Frais d'adjudications diverses............	85 17	100 »	100 »	100 »	
	§ 2. *Culte.*					
98	Secours à la fabrique de l'église de Charleville	1,500 »	1,500 »	1,500 »	1,500 »	
99	Indemnité de logement au curé de la paroisse.	1,400 »	1,400 »	1,400 »	1,400 »	
100	Secours à la fabrique de l'église de Belair..	360 »	180 »	180 »	180 »	
101	Dépense de logement d'un deuxième pasteur protestant....................	60 »	60 »	60 »	60 »	
	A reporter............	99,447 17	131,170 »	131,345 »	131,345 »	

DÉPENSES.

N°s D'ORDRE.	NATURE DES DÉPENSES.	DÉPENSES constatées au dernier compte.	CRÉDITS PROPOSÉS par le Maire.	CRÉDITS PROPOSÉS par le Conseil municipal.	CRÉDITS alloués par le Préfet.	OBSERVATIONS.
	Reports............	99,447 17	131,170 »	131,345 »	131,345 »	
	§ 3. *Instruction publique.* COLLÉGE.					
102	Traitement des fonctionnaires.............	45,203 34	46,700 »	46,700 »	46,700 »	
103	Traitement du professeur d'histoire, payé par l'État................................	1,800 »	1,800 »	1,800 »	1,800 »	
104	Entretien des bâtiments.................	2,200 »	800 »	800 »	800 »	
105	Entretien et renouvellement du mobilier.....	3,200 »	400 »	400 »	400 »	
106	Distribution de prix.....................	1,206 65	1,200 »	1,200 »	1,200 »	
107	Concours académique...................	100 »	200 »	200 »	200 »	
108	Bureau d'administration et impressions......	»	200 »	200 »	200 »	
109	Gages du portier........................	300 »	400 »	400 »	400 »	
110	Chauffage des classes...................	300 »	400 »	400 »	400 »	
111	Frais de manipulation, achat et entretien des instruments de physique................	687 »	575 »	575 »	575 »	
	ÉCOLE DES GARÇONS.					
112	Traitement des instituteurs...............	6,650 »	7,700 »	7,700 »	7,700 »	
113	Secours annuel au frère Bourbonnais........	400 »	400 »	400 »	400 »	
114	Gages du portier de la deuxième école......	»	500 »	500 »	500 »	
115	Traitement d'un maître de chant..........	300 »	300 »	300 »	300 »	
116	Fourniture de papier, plumes, etc., aux élèves indigents...........................	150 »	150 »	150 »	150 »	
117	Entretien des bâtiments et autres menues dépenses...........................	765 79	500 »	500 »	500 »	
118	Chauffage des classes...................	450 »	500 »	500 »	500 »	
119	Distribution de prix.....................	300 »	400 »	400 »	400 »	
	ÉCOLE DES FILLES.					
120	Traitement des institutrices...............	4.800 »	5,400 »	5,400 »	5,400 »	
121	Entretien des bâtiments..................	1,304 94	800 »	800 »	800 »	
122	Chauffage de l'établissement..............	200 »	200 »	200 »	200 »	
123	Distribution de prix.....................	275 »	250 »	250 »	250 »	
124	Fourniture de papier, plumes, etc., aux élèves indigents...........................	400 »	400 »	400 »	400 »	
	ÉCOLE DE BELAIR. 1° École des garçons.					
125	Traitement de l'instituteur................	800 »	1,000 »	1,000 »	1,000 »	
126	Chauffage des classes...................	40 »	65 »	65 »	65 »	
127	Distribution de prix.....................	30 »	30 »	30 »	30 »	
128	Fourniture de papier, plumes, etc., aux élèves indigents...........................	25 »	25 »	25 »	25 »	
129	Chauffage des cours d'adultes.............	»	40 »	40 »	40 »	
	A reporter............	171,334 89	202,505 »	202,680 »	202,680 »	

DÉPENSES.

Nos D'ORDRE.	NATURE DES DÉPENSES.	DÉPENSES constatées au dernier compte.	CRÉDITS PROPOSÉS par le Maire.	CRÉDITS PROPOSÉS par le Conseil municipal.	CRÉDITS alloués par le Préfet.	OBSERVATIONS.
	Reports	171,334 89	202,505 »	202,680 »	202,680 »	
	2e École des filles.					
130	Traitement de l'institutrice.............	»	700 »	700 »	700 »	
131	Chauffage des classes...................	»	65 »	65 »	65 »	
132	Distribution de prix.....................	»	30 »	30 »	30 »	
133	Fourniture de papier, plumes, etc., aux élèves indigents	»	25 »	25 »	25 »	
	BIBLIOTHÈQUE.					
134	Indemnité à l'employé chargé du service de la bibliothèque	1,150 »	1,150 »	1,150 »	1,150 »	
135	Chauffage du cabinet de lecture	140 »	140 »	140 »	140 »	
136	Entretien des locaux.....................	32 18	100 »	100 »	100 »	
137	Menues dépenses pour papier, plumes, etc...	50 »	50 »	50 »	50 »	
138	Achat et reliure de livres.................	500 »	500 »	500 »	500 »	
	SALLE D'ASILE.					
139	Traitement des directrices...............	1,950 »	1,800 »	1,800 »	1,800 »	
140	Indemnité aux directrices à titre d'abonnement, pour blanchissage, chauffage, éclairage et entretien du gros linge............	300 »	300 »	300 »	300 »	
141	Salaire des femmes de service.............	850 »	1,000 »	1,000 »	1,000 »	
142	Dépenses de chauffage....................	100 »	100 »	100 »	100 »	
143	Menues dépenses par abonnement.........	100 »	100 »	100 »	100 »	
144	Rente des legs de Mlles Piot et Nanquette, applicables aux besoins des enfants pauvres de l'asile.................................	197 »	197 »	197 »	197 »	
	§ 4. *Fêtes publiques et dépenses imprévues.*					
145	Fêtes publiques..........................	»	1,000 »	1,000 »	1,000 »	
146	Dépenses imprévues.....................	155 60	1,000 »	1,000 »	1,000 »	
	§ 5. *Dépenses spéciales pour les chemins vicinaux.*					
147	Valeur en argent des prestations en nature.	6,514 50	6,500 »	6,500 »	6,500 »	
148	Centimes spéciaux pour les chemins de grande communication	8,242 09	8,000 »	8,000 »	8,000 »	
	A reporter............	191,616 26	225,262 »	225,437 »	225,437 »	

DÉPENSES.

Nº D'ORDRE.	NATURE DES DÉPENSES.	DÉPENSES constatées au dernier compte.	CRÉDITS PROPOSÉS par le Maire.	CRÉDITS PROPOSÉS par le Conseil municipal.	CRÉDITS alloués par le Préfet.	OBSERVATIONS.
	Reports	191,616 26	225,262 »	225,437 »	225,437 »	
	SECTION II. *Dépenses ordinaires facultatives.*					
149	Secours au bureau de bienfaisance..........	20,000 »	15,000 »	15,000 »	15,000 »	
150	Secours à l'hospice......................	10,000 »	8,000 »	8,000 »	8,000 »	
151	Subvention dans les dépenses d'entretien du dispensaire de Mézières, conformément à la délibération du 3 août 1849............	300 »	300 »	300 »	300 »	
152	Frais d'éclairage des cours d'adultes........	100 »	100 »	100 »	100 »	
153	Distribution de prix aux adultes............	»	50 »	50 »	50 »	
154	Subvention au directeur de l'école normale des garçons pour les classes d'adultes........	600 »	600 »	600 »	600 »	
155	Somme à la disposition du maire pour secours à des malheureux voyageurs indigents, etc.	299 99	250 »	250 »	250 »	
156	Chauffage du guetteur....................	40 »	80 »	80 »	80 »	
	Total des dépenses ordinaires........	222,956 25	249,642 »	249,817 »	149,817 »	
	CHAPITRE II. *Dépenses extraordinaires.*					
157	Paiement de la huitième annuité de l'emprunt de 466,000 francs......................	37,393 05	37,393 05	37,393 05	37,393 05	
158	Droit de timbre sur les obligations dudit emprunt et autres dépenses y relatives......	372 80	400 »	400 »	400 »	
159	Paiement de la troisième annuité de l'emprunt de 600,000 francs autorisé par la loi du 14 septembre 1871......................	36,000 »	24,998 »	24,998 »	24,998 »	
160	Droit de timbre sur les obligations dudit emprunt et autres dépenses y relatives......	477 70	500 »	500 »	500 »	
161	Impôt de 0 fr. 18 c. sur les mêmes obligations	1,184 61	1,000 »	1,000 »	1,000 »	
162	Acquisition d'un presbytère (2ᵉ annuité)...	»	22,000 »	22,000 »	22,000 »	
163	Intérêts des sommes restant dues sur le capital de cette acquisition......................	»	2,150 »	2,150 »	2,150 »	
164	Construction d'une deuxième école à Charleville (2ᵉ annuité)...	»	9,500 »	9,500 »	9,500 »	
165	Construction d'une école à Belair (2ᵉ annuité).	»	10,500 »	10,500 »	10,500 »	
166	Annuité applicable aux dépenses à faire pour la construction d'un abattoir.............	»	20,000 »	20,000 »	20,000 »	
	Total des dépenses extraordinaires....	75,428 16	128,441 05	128,441 05	128,441 05	
	RÉCAPITULATION.					
	Dépenses ordinaires....................	222,956 25	249,642 »	249,817 »	249,817 »	
	Dépenses extraordinaires...............	75,428 16	128,441 05	128,441 05	128,441 05	
	Total général des dépenses........	298,384 41	378,083 05	378,258 05	378,258 05	

RÉCAPITULATION GÉNÉRALE.

	SUIVANT LES PROPOSITIONS		SUIVANT LA DÉCISION
	du Maire.	du Conseil municipal.	du Préfet.
Recettes ordinaires et extraordinaires................................	379,230 »	379,230 »	379,230 »
Dépenses ordinaires et extraordinaires...............................	378,083 05	378,258 05	378,258 05
Excédant des Recettes........................	1,146 95	971 95	971 95

Le présent Budget, présenté par nous, Maire et Membres du Conseil municipal de la ville de Charleville, réunis en session ordinaire, conformément à la loi.

Charleville, le 20 Mai 1873.   (*Suivent les signatures.*)

Pour copie conforme :

Le Maire,

Signé : **Éd. LÉTRANGE.**

Le Préfet du département des Ardennes, arrête le Budget ci-dessus de la ville de Charleville pour l'exercice 1874, savoir :

En Recette, à la somme de........................ 379,230 francs.
En Dépense, à celle de........................ 378,258 —

Et autorise le Maire de cette ville à délivrer des mandats sur le Receveur municipal jusqu'à concurrence des allocations portées dans la 6e colonne de l'état des dépenses, sans pouvoir excéder ces allocations ni disposer de la somme restant libre, qu'après en avoir obtenu l'autorisation sur une demande délibérée en conseil municipal.

Mézières, le 31 octobre 1873.

Signé : **TIRMAN.**

Vu pour copie conforme, et pour être rendu public par la voie de l'impression, conformément à l'article 69 de la loi du 18 juillet 1837.

Charleville, le 20 avril 1874.

Le Maire,

Signé : **Éd. LÉTRANGE.**

DÉPARTEMENT DES ARDENNES.

ARRONDISSEMENT DE MÉZIÈRES.

VILLE DE CHARLEVILLE.

CHAPITRES ADDITIONNELS AU BUDGET DE 1874
OU BUDGET SUPPLÉMENTAIRE.

N° d'ordre.	NATURE DES RECETTES.	RECETTES proposées par le Maire et par le Conseil municipal.	RECETTES admises par le Préfet.	OBSERVATIONS.
	TITRE Iᵉʳ. — Recettes.			
	CHAPITRE III.			
	Recettes supplémentaires.			
	§ 1ᵉʳ. *Reports.*			
1	Excédant de l'exercice 1873, suivant le procès-verbal de règlement ci-joint........	208,236 03	208,236 03	
	§ 2. *Recettes de toute nature non prévues au budget primitif de 1874.*			
2	Ferme de la fontaine Simonard, à Belair............	95 »	95 »	
3	Droits à payer par les bouchers de viande de cheval......	1,000 »	1,000 »	
4	Traitement de l'instituteur de la verrerie............	682 25	682 25	
5	Location de la manufacture d'armes................	7,500 »	7,500 »	Délibération du 7 novembre 1874.
6	Aliénation du bureau d'octroi du port...............	5,000 »	5,000 »	—
7	Somme due par M. Marly pour le percement de la rue de Bourbon............	1,575 »	1,575 »	
8	Somme à verser par divers propriétaires pour le même percement............	1,125 »	1,125 »	Délibérations des 19 juin et 12 août 1873.
9	Droits de dépôt de dessins de fabrique............	100 »	100 »	
10	Valeur en argent des prestations en nature............	2,326 »	2,326 »	
11	Produit des centimes spéciaux pour les chemins vicinaux.....	899 »	899 »	
12	Attribution à la ville sur les engagements volontaires.........	230 »	230 »	
	Total des recettes supplémentaires............	228,768 28	228,768 28	

DÉPENSES.

Nos D'ORDRE.	NATURE DES DÉPENSES.	CRÉDITS proposés par le Maire et par le Conseil municipal.	DÉPENSES allouées par le Préfet.	OBSERVATIONS.
	TITRE II. — Dépenses.			
	CHAPITRE III.			
	Dépenses supplémentaires.			
	§ 1er.			
	Dépenses effectuées avant le 31 décembre 1873 et restant à payer au 31 mars 1874, lors de la clôture de l'exercice 1873.			
13	Remises du receveur municipal..........................	305 »	305 »	
14	Frais de casernement.................................	5,008 02	5,008 02	
15	Centimes spéciaux pour les chemins de grande communication.	111 73	111 73	
16	Bons émis par la ville.................................	557 »	557 »	
17	Paiement des indemnités de logement....................	252 94	252 94	
18	Construction d'une maison d'école à Belair................	13,500 »	13,500 »	
19	Construction d'une maison d'école à Charleville............	7,550 22	7,550 22	
20	Construction d'un nouveau bâtiment au collége............	9,000 »	9,000 »	
	§ 2.			
	Crédits réservés.			
	Néant.			
	§ 3.			
	Dépenses diverses non prévues au budget primitif.			
21	Indemnité de logement à l'agent de police Marchoix.........	250 »	250 »	Délibération du 19 juin 1873.
22	Dépenses de l'abattoir des chevaux......................	1,000 »	1,000 »	—
23	Traitement de l'instituteur de la verrerie.................	682 25	682 25	Délibération du 14 février 1874.
24	Frais d'érection du groupe de M. Croisy..................	2,100 »	2,100 »	—
25	Augmentation du traitement des employés de la mairie......	500 »	500 »	Délibération du 19 décembre 1873.
26	Augmentation du traitement du préposé en chef de l'octroi...	400 »	400 »	—
27	Augmentation du traitement des cantonniers...............	160 »	160 »	—
	COLLÉGE.			
28	Traitement d'un nouveau maître de l'enseignement spécial....	800 »	800 »	Délibération du 19 décembre 1873.
29	Traitement du maître chargé des conférences aux maîtres d'études...	300 »	300 »	—
30	Augmentation du traitement de M. Darchez, professeur de dessin	200 »	200 »	—
	A reporter.............	42,677 16	42,677 16	

SUITE DES DÉPENSES.

N° D'ORDRE.	NATURE DES DÉPENSES.	CRÉDITS proposés par le Maire et par le Conseil municipal.	DÉPENSES allouées par le Préfet.	OBSERVATIONS.
	Report................	42,677 16	42,677 16	
31	Augmentation du traitement de M. Gillet, aumônier..........	200 »	200 »	
32	Augmentation du traitement de M. Picart, maître-adjoint des cours spéciaux...	100 »	100 »	
33	Supplément de traitement au maître chargé du cours préparatoire aux examens.....................................	400 »	400 »	Délibération du 14 février 1874.
34	Acquisition d'objets nécessaires au cours d'histoire naturelle..	375 »	375 »	Délibération du 19 décembre 1873.
35	Acquisition d'un boulier-compteur et de tableaux d'histoire...	122 »	122 »	—
36	Chauffage de l'école des filles............................	200 »	200 »	—
37	Acquisition de pierres pour occuper les ouvriers sans travail et nivellement de la rue traversière.......................	22,600 »	22,600 »	Délibération du 17 janvier 1874.
38	Création de fourneaux économiques........................	4,000 »	4,000 »	—
39	Percement de la rue Bourbon.............................	32,900 »	32,900 »	Report du budget supplémentaire de 1873.
40	Honoraires réclamés par M° Millart, avocat. (Instance relative au legs Renard-Hamel................................	360 »	360 »	
41	Construction d'un nouveau bureau d'octroi.................	16,000 »	16,000 »	Le prolongement de la rue de Bourbon rendra indispensable la création d'un nouveau bureau d'octroi.
42	Subvention à la société philharmonique....................	500 »	500 »	
43	Subvention à la société de secours mutuels.................	500 »	500 »	
44	Subvention à la société des employés......................	200 »	200 »	
45	Expropriation de la chute d'eau du moulin..................	20,000 »	20,000 »	Délibération du 21 janvier 1873.
46	Droits d'enregistrement sur le legs Jacquemart et autres frais..	25,000 »	25,000 »	Décret d'autorisation du 8 décembre 1873.
47	Contributions de biens communaux et de main-morte........	»	»	
48	Assurance des bâtiments communaux......................	192 90	192 90	Délibération du 14 février 1874.
49	Traitement de la maîtresse des travaux à l'aiguille, à l'école de Belair..	80 »	80 »	
50	Étude d'un projet de distribution d'eau.....................	10,000 »	10,000 »	
51	Valeur en argent des prestations en nature.................	2,326 »	2,326 »	
52	Centimes spéciaux pour les chemins vicinaux...............	899 »	899 »	
53	Somme à la disposition du maire pour les voyageurs indigents.	500 »	500 »	
54	Acquisition de terrain par suite d'alignement...............	1,000 »	1,000 »	
55	Gratification au guetteur..................................	50 »	50 »	
56	Remboursement de l'emprunt de 600,000 francs............	24,000 »	24,000 »	
57	Subvention complémentaire au bureau de bienfaisance.......	4,000 »	4,000 »	
58	Acquisition d'une série de poids pour l'école des garçons.....	150 »	150 »	
59	Acquisition d'objets de géographie pour l'école des filles.....	200 »	200 »	
60	Équipement d'agents de police.............................	50 »	50 »	
61	Indemnité à M. Lefort, instituteur à Belair, pour le cours d'adultes...	50 »	50 »	
62	Secours à Mᵐᵉ veuve Martin, parente de M. Jacquemart.....	600 »	600 »	
63	Traitement d'une nouvelle institutrice, pour 8 mois..........	400 »	400 »	
64	Frais de premier établissement de la nouvelle classe........	200 »	200 »	
65	Subvention à la société gymnique l'*Espérance*.............	600 »	600 »	
66	Restauration de décors à la salle de spectacle...............	2,000 »	2,000 »	
67	Acquisition et pose de quatre urinoirs......................	2,500 »	2,500 »	
68	Entretien des bâtiments de l'école des garçons..............	4,000 »	4,000 »	
69	Dépenses des aliénés indigents.............................	52 60	52 60	
70	Contributions des biens communaux et de main-morte.......	88 24	88 24	
71	Travaux de restauration de l'hôtel-de-ville.................	1,200 »	1,200 »	
72	Indemnité de terrain pour l'ouverture du chemin vicinal n° 24, d'Harcy à Nouzon....................................	600 »	600 »	
73	Élargissement du chemin de Mellier-Fontaine...............	850 »	850 »	
74	Honoraires dus à M. Latour, vétérinaire, pour autopsies de chiens faites en 1871 et 1872.................................	23 15	23 15	
	Total des dépenses supplémentaires............	222,746 05	222,746 05	

RÉCAPITULATION.

	SUIVANT	
	les propositions du maire et du Conseil.	la décision du Préfet.
Recettes supplémentaires..	228,768 28	228,768 28
Dépenses supplémentaires...	222,746 05	222,746 05
Excédant des Recettes...	6,022 23	6,022 23

Le présent Budget, présenté par nous, Maire et Membres du Conseil municipal de la ville de Charleville, réunis en session ordinaire, conformément à la loi.

Charleville, le 16 juin 1874.

(Suivent les signatures.)

Signé : LÉTRANGE, maire ; RASQUIN et PELGÉ, adjoints ; DERTELLE, SANSON, DESCHARMES, LACAILLE, JUBERT, WARGNIES, HUSSON, REGNAULT, ALLARD-MORAINNE, LE CHANTEUR, HÉNON, ÉTIENNE, TIRMAN, LELAURIN, PAILLETTE, BOUCHER, DONZEL, MATHYS, ROSSAT et CAILLETET, conseillers municipaux.

Pour copie conforme :

Le Maire,

Signé : **Éd. LÉTRANGE.**

Vu et approuvé conformément aux chiffres portés dans la colonne réservée à la décision du Préfet.

Les Recettes supplémentaires à..................... 228,768 fr. 28 c.
Les Dépenses supplémentaires à.................... 222,746   05

L'excédant des Recettes à........................ 6,022 fr. 33 c.

Mézières, le 3 juillet 1874.

Le Préfet,

Signé : **BUCHOT.**

Pour copie conforme :

Le Secrétaire général,

P. BŒGNER.

Vu pour copie conforme, et pour être rendu public par la voie de l'impression, en conformité de l'article 69 de la loi du 18 juillet 1837.

Le Maire de Charleville,

Signé : **Éd. LÉTRANGE.**

www.ingramcontent.com/pod-product-compliance
Lightning Source LLC
Chambersburg PA
CBHW060933050426
42453CB00010B/1994